噗嘶——

噗噗

噗

噗噜噗噜噗噜

嘶嘶嘶——

噗——

噗，噗，噗——

噗——

图书在版编目（CIP）数据

深夜放屁大赛 / (日) 中村翔子著 ; (日) 荒井良二
绘 ; 黄晔译. -- 北京 : 中信出版社, 2020.4
ISBN 978-7-5217-1477-7

Ⅰ. ①深… Ⅱ. ①中… ②荒… ③黄… Ⅲ. ①儿童故
事-图画故事-日本-现代 Ⅳ. ①I313.85

中国版本图书馆CIP数据核字(2020)第023363号

深夜放屁大赛

著　　者：［日］中村翔子
绘　　者：［日］荒井良二
译　　者：黄晔
出版发行：中信出版集团股份有限公司
（北京市朝阳区惠新东街甲4号富盛大厦2座　邮编　100029）
承 印 者：北京尚唐印刷包装有限公司

开　　本：889mm × 1194mm　1/32　　印　　张：2.5　　字　　数：100 千字
版　　次：2020 年 4 月第 1 版　　印　　次：2020 年 4 月第 1 次印刷
京权图字：01-2019-7882　　广告经营许可证：京朝工商广字第8087号
书　　号：ISBN 978-7-5217-1477-7
定　　价：49.80元

出　　品：中信儿童书店
图书策划：如果童书
策划编辑：张悦　　责任编辑：房阳　　营销编辑：张远
封面设计：刘潇然　　内文排版：王莹

服务热线：400-600-8099
投稿邮箱：author@citicpub.com

深夜放屁大赛

[日] 中村翔子 著　[日] 荒井良二 绘　黄晔 译

中信出版集团 | 北京

狮子
大猩猩

星期日的动物园
里到处都是游客。

失望

“看，有狮子！”

“大猩猩，你好。”

孩子们兴高采烈地跑到笼子前，

你一言我一语地和动物们打起了招呼。

可仔细一看，动物们都在呼呼地睡大觉。

“真没意思。”

“快起来吧。”

孩子们很失望。

黑猩猩
大猩猩
狮子
阿原

“说来也怪，动物们最近怎么总在睡觉啊。”

饲养员阿原也开始担心起来了。

就在这时，

“啊——救命啊！”

听到有孩子在呼喊，阿原忙回头看——哎呀，大猩猩正把自己的便便往笼子外面扔呢。

“怎么回事儿？”

阿原慌忙跑了过去，

发现笼子前面散落了好多小石子。

“这不怪我，都是它，它怎么老不起来啊……”

听了孩子的话，阿原非常失落。

原来是孩子先朝大猩猩扔石头，

大猩猩才会还击的。

阿原的眼里充满了泪水。

傍晚。“来，快醒醒吧——”
阿原来喂食，动物们才一个个懒洋洋地睁开了眼睛。

“咔哧！”“咔哧！”“咕嘟！”“咕嘟！”……

河马张着大嘴，
一转眼就把食物吃了个精光。

“嗷嗷，嗷嗷。”

隔壁笼子里，黑猩猩兄弟俩争抢得不亦乐乎。

黑猩猩

“咚咚，咚——咚——”

旁边的小象在使劲踢笼子，

难道是不够吃？

“真是个贪吃鬼！”

阿原说着，又给它加了一些。

动物们吃饱了，又都睡觉去了。

“感觉不太对劲啊。”

阿原决定晚上过来看看动物们在干什么。

当！——

钟声在黑夜中回荡。

迷迷糊糊的阿原一下子醒了过来。

“哎呀，到底是怎么回事啊？”
阿原使劲揉了揉眼睛，
仔细一看，发现广场上聚集了很多动物。

“今天我是第一。”
黑猩猩得意地说。

“哎呀，是我才对！”
斑马毫不示弱。

接着小象又……

动物们竟然在半夜办起了“放屁大赛”。

“嗨！吓我一跳！”

眼前的情景令阿原目瞪口呆。

“不过，要是这么回事，我就放心了。”

放屁说明动物们消化系统不错，这也是它们身体健康的表现嘛。

“原来它们白天犯困是因为晚上要参加‘放屁大赛’啊。”

阿原说着打了个大大的哈欠。

第二天。

阿原揉着惺忪的睡眼，

走进了小象的笼子。

“啊——啊啊啊啊！”

他被一大堆小山似的便便绊

了一下，差点没摔个跟头。

果然是吃的多，拉的便便也

多啊。

BUTSUDEN

“想放出个大大的屁也不容易吧，加油！”

阿原拍了拍小象的肚子，开始打扫起来。

“哎呀呀，这可要费些时间喽！”

在他打扫的时候，动物们已经在广场上等着吃饭了。

又过了一会儿，小象等得不耐烦了，甩着鼻子走了过来。

“来啦来啦！让你们久等了，今天也要多吃点儿哟！”

小象高兴地摇晃着身子，慢悠悠地吃起了干草。

吃饱了肚子的动物们，
大白天的又睡了起来。
“偶尔也得运动一下嘛，
不然可要发胖喽！”
听到阿原的话，斑马突然跑了起来，
就好像在说：“我不想发胖！”

就在这时，“噗！”斑马不小心放了个屁！

它的样子看起来很懊悔。

旁边的小笼子里，兔子们一个个都小脸涨得通红，像是强忍着不愿意放屁。

“你们可别憋坏了！”

阿原觉得动物们的样子实在可笑，不由得期待起晚上来。

当！——

随着钟声敲响，“放屁大赛”又开始了。

蛇担任裁判。

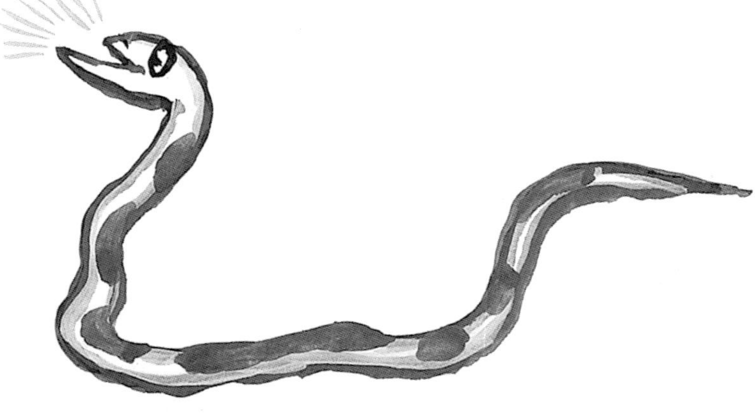

最先出场的是长颈鹿。

“预备——开始！”

蛇发出口令。

可是，屁却怎么也放不出来。

“嗯——嗯——”

长颈鹿铆足了劲，肚子拼命用力，可最后也没有放出屁来。

“今天吃的可是平时的两倍啊，太郁闷了！”

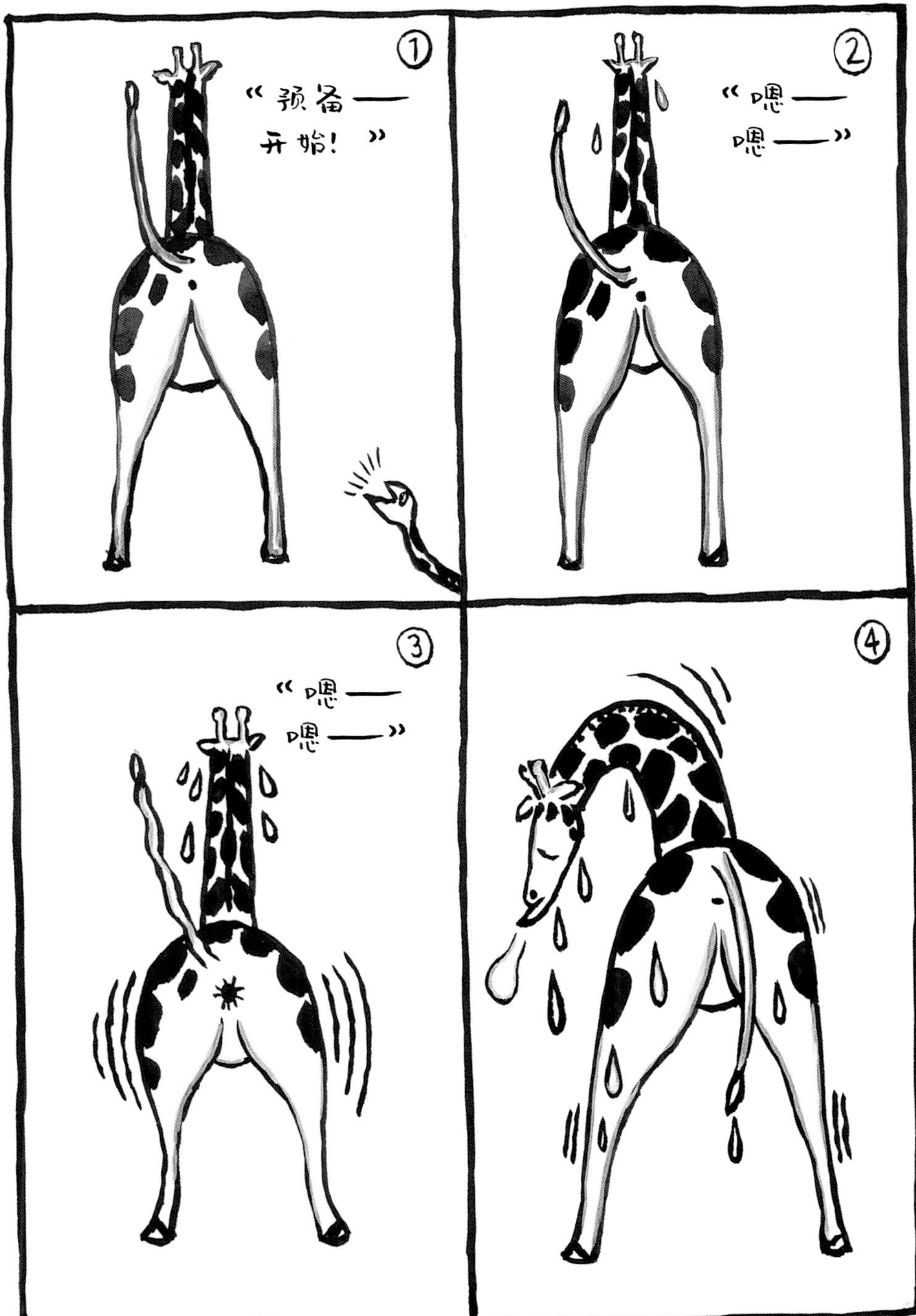
①
“预备——
开始！”
②
“嗯——
嗯——”
③
“嗯——
嗯——”
④

接下来是企鹅。

“你们都看好了！”

扑通！

一下子跃入泳池的企鹅嗖嗖地游了起来。

大家一声不吭地盯着水面。

这时，

咕嘟咕嘟咕嘟……

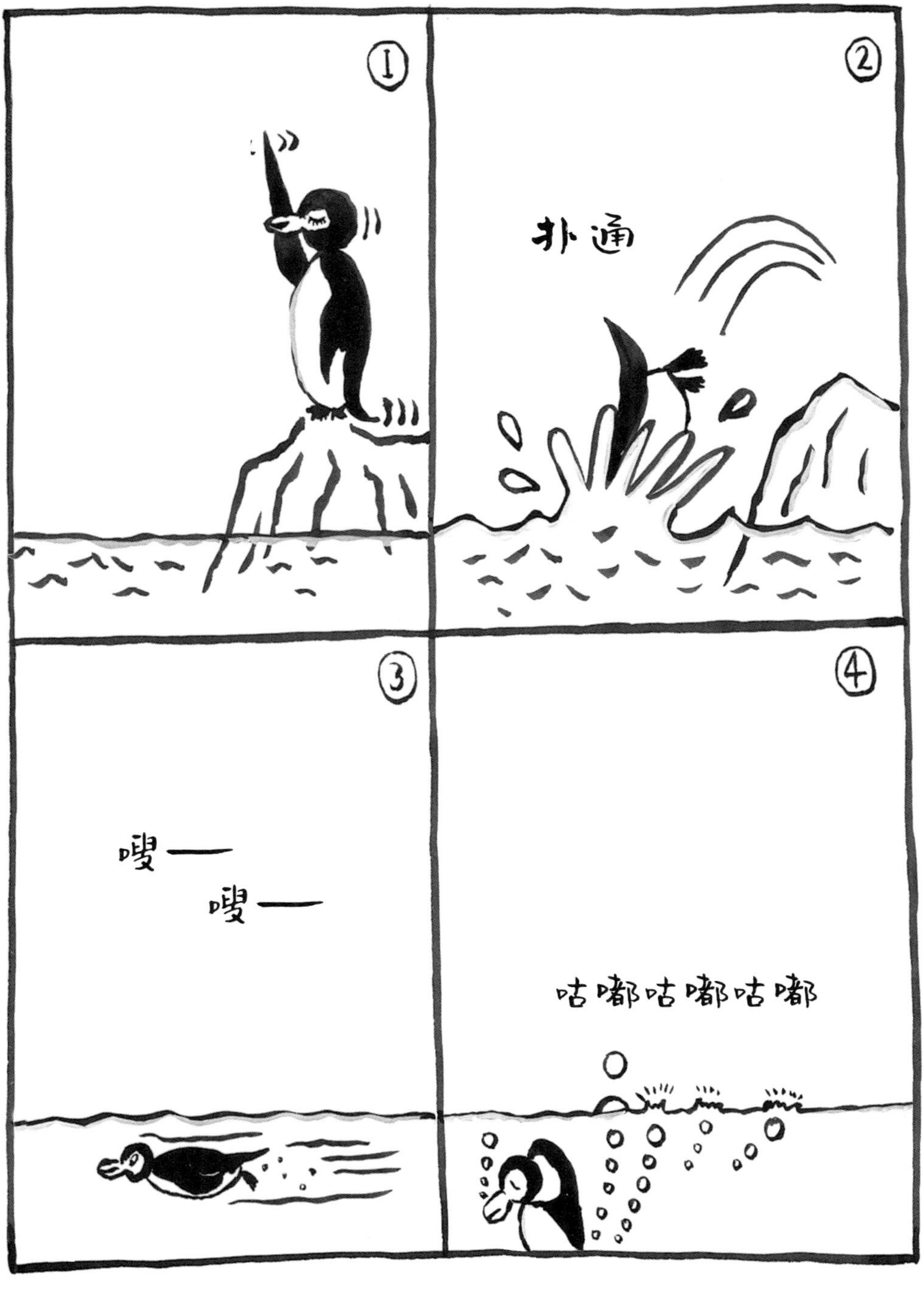
①
②
扑通
③
嗖——
嗖——
④
咕嘟咕嘟咕嘟

只冒了几个小水泡，企鹅的屁就放完了。

“这点水平可赢不了。”

企鹅赶紧灰溜溜地跑开了。

“那么，有请下一位上场。”

蛇的话音刚落，对面就传来了一阵可爱的叫声。

“我们要加油！”

鹦鹉和山鸡排成一排，喊道：

“一、二、三！”

噼哟——

随着很小的一声，大便和小便一起喷了出来。

鸟儿们为了不弄脏屁股，

把大便、小便和屁一起射到了远处。

“今天晚上干得不错。看，这屁股多干净啊！”

鸟儿们看起来很开心。

不过……

"没听到声音啊。"

裁判非常严格。

轮到作为百兽之王的狮子了。

“狮子大王，就让这帮家伙见识见识您的厉害吧。”

动物们都紧张地等待着这个时刻的到来。

“好嘞，看我的吧。”

狮子说着用力吸了口气。

嘶——

“啊，什么？”

“刚刚那个是屁吗？”

眼巴巴等着的动物们全都傻眼了。

“难道就是刚刚那个吗？”

蛇小心翼翼地询问。

“来，你闻闻这味道，可是一级棒哟！”

狮子边说边把屁股转向蛇。

“呜哇，好臭！要说臭味肯定是第一，可是没出什么声儿啊！”

面对蛇严格的裁判，狮子也垂头丧气地走掉了。

又是一个晚上。

今天从犀牛的屁开始。

噗噜噗噜噗噜噗！——

巨大的屁声把地面震得山响，大家都惊呆了。

“我可是从昨天一直忍到现在了！”

犀牛得意地扭着屁股说道。

接着河马出场了，
“今晚我是冠军！”
说完它沉入泳池。

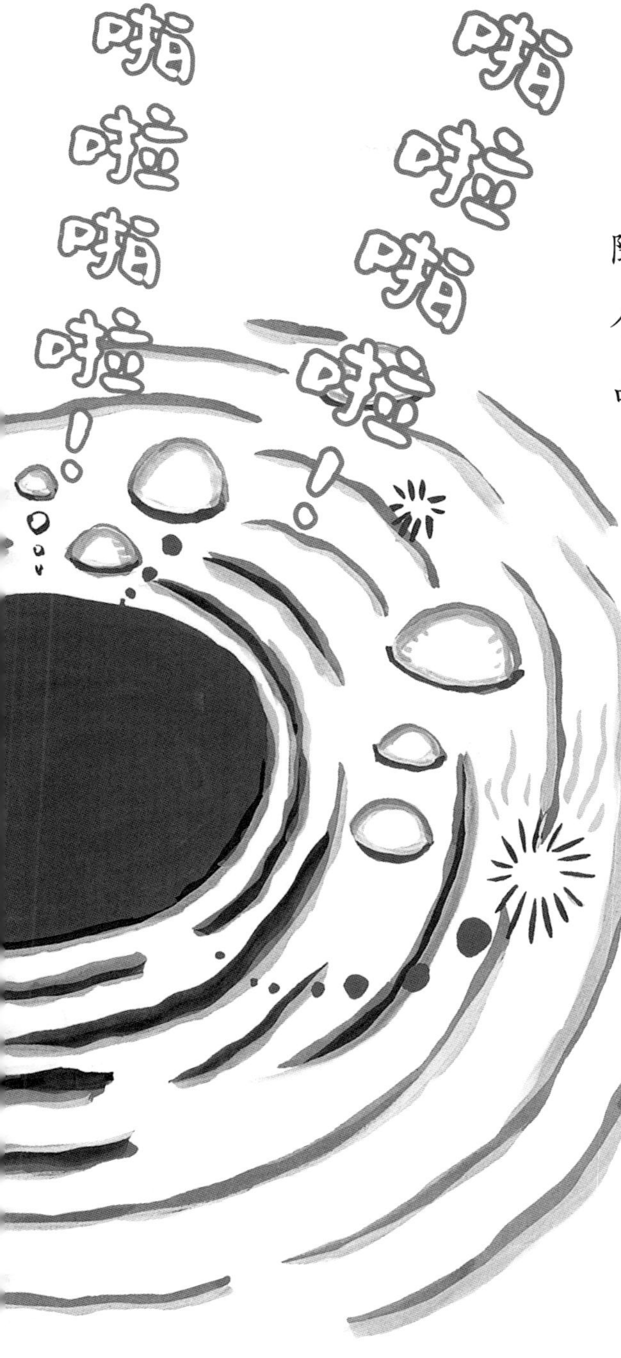

随着一阵响声，一个个大泡泡在泳池中炸裂。

“这——我也搞不清楚啊。”正在蛇左右为难的时候，小象慢吞吞地走了出来。

“加油！你吃了那么多，一定不会输的。”

阿原在一旁看得心跳加速。

只见小象撅起它圆圆的屁股，

不紧不慢地环视四周。

“那就有请啦！”蛇的话音一落，小象的身体开始微微抖动。

噗噜噗噜！

阿原也紧张得开始颤抖。

“成败在此一举！”

噗噗——
噗噗噗，
噗噗
噗噗

噗噗——

噗噗噗噗，

噗——

噗噗噗噗，噗！

放出来啦！终于放出来啦！

这是小象的屁！

"干得漂亮！"

阿原高兴得跳了起来。

"这也太棒了！"

这个屁真是无与伦比啊，动物们都不由自主地鼓起掌来。

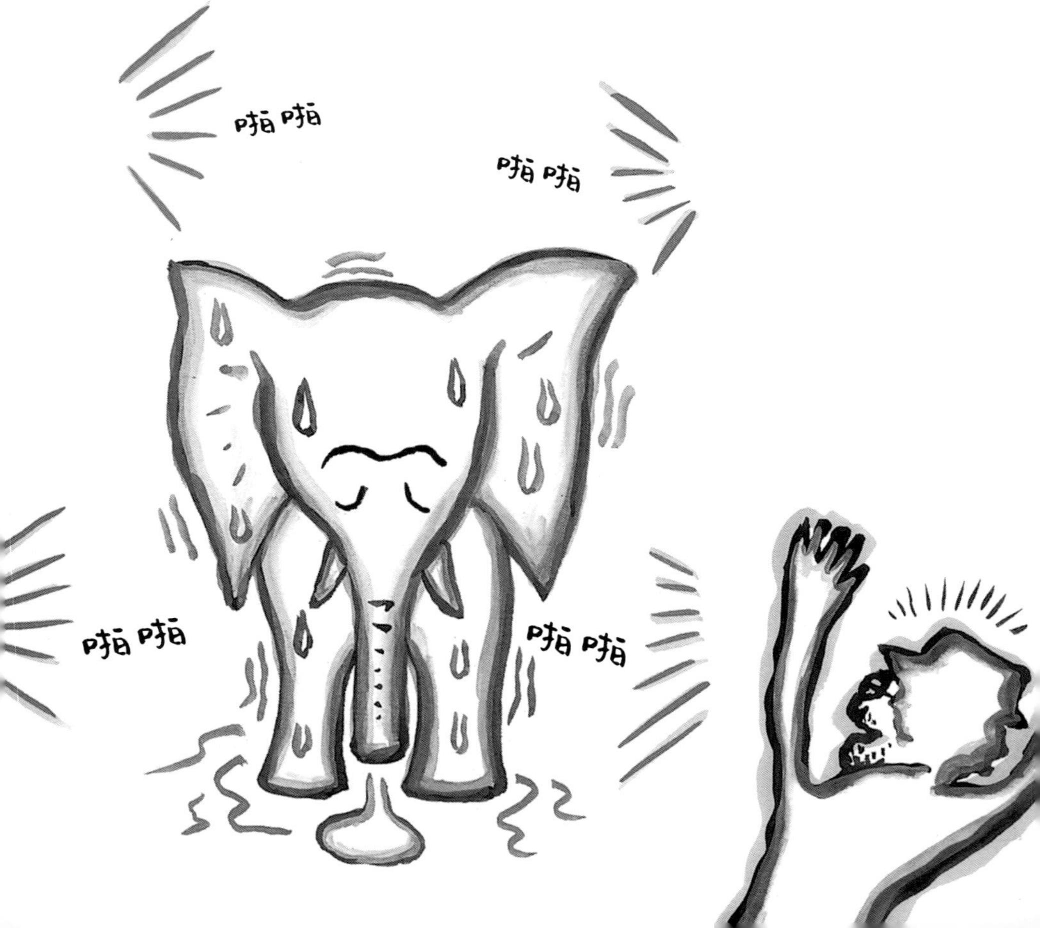

“今天小象获得了冠军，这也是它首次夺冠！”

就在蛇大声宣布的时候……

“还有本大爷呢！”

老虎从最后面缓缓走了过来。

“你们都给我听仔细了！”

老虎摆出一副趾高气昂的样子。

结果没想到，它和狮子一样，没发出来什么声音，那味道却特别特别臭，熏得大家都快晕过去了。

阿原

第二天早上。

阿原来给动物们喂食。

“啊呜啊呜，吧唧吧唧。”

黑猩猩兄弟俩吃得更起劲了。

“今天晚上可不能再输了。”

阿原

不用说，其他的动物也都大口大口地使劲吃着。

“今天晚上谁会是冠军呢？”

就在阿原期盼晚上快点到来的时候，

突然……

阿原
咣当
咣当
咣当

“怎么回事儿？”

阿原跑过去一看，

发现整个动物园里的动物全都晕倒了。

“难道是老虎又放屁了？”

阿原急得团团转。

游客们也乱作一团。

很快，动物医院的医生来了。

阿原也四处奔走，不停地安抚着动物们。

动物们吃过药，很快就好了。

“没什么大事儿，就是吃多了。”

“啊？真是对不起！”

阿原赶紧低头道歉，因为他负责喂食。

“已经没事儿了，让大家担心了，真不好意思！”

阿原的话引来游客们一
阵热烈的掌声。

阿原

从那之后，夜里就不举行“放屁大赛”了。动物们白天不再那么爱睡觉，游客们都很开心。

“没有了‘放屁大赛’，那些家伙又会搞出些什么名堂呢？”

阿原心中期待着那一天的到来。

中村翔子

童话作家，绘本作家。

出生于日本大阪。曾任职于绘本出版社，后成为自由撰稿人。除了独立创作，还参与了诸多童书的策划、合作出版等。

主要作品有《喜欢接龙游戏的国王》《河马桃子当妈妈了！》《岸和田的花车巡游》《肚脐臭臭》《漂亮的泳衣》《小熊布鲁鲁的郊游》《能听见鱼的声音吗？》《迎接明天的笑颜》等。

荒井良二

绘本作家、艺术家。

1956年出生于日本山形县。以绘本创作为核心，还活跃在广告设计、插画、现场彩绘、演讲、漫展、舞台美术设计、作词、作曲、弹唱等各种创作活动中。至今已出版绘本超过100本。

凭借《撒谎的月亮》获第46届小学馆儿童出版文化奖，《迷一样的旅程》获博洛尼亚国际插画展特别奖，《森林的绘本》获第31届讲谈社出版文化奖图画书奖，《太阳风琴》获首届JBBY（日本国际儿童评议会）奖，《天亮了，打开窗子吧》获第59届产经儿童出版文化奖和2012年MOE绘本屋大奖等。2005年获瑞典第三届林格伦纪念文学奖，是首位获此奖项的日本人。

噗噜噗噜
嘶——
噗
噗！
噗
嘶嘶嘶——
噼哟——
噗
噗噜噜
噗噗
噗噗噗